LA TOMBE

DE L'EMPEREUR.

LA TOMBE

DE

L'EMPEREUR,

PAR

CHARLES FORSTER,

ANCIEN SECRÉTAIRE

AU CABINET DU LIEUTENANT DU ROYAUME DE POLOGNE.

PARIS,

CHEZ BROCKHAUS ET AVENARIUS,

RUE RICHELIEU, 60.

1840

AU

ROI DES FRANÇAIS.

SIRE, en accueillant les vœux de la Nation, vous avez conçu la grande et belle pensée de rendre à la France les cendres de son immortel souverain, que l'ennemi craignait encore dans sa tombe captive à Sainte-Hélène. C'était couronner l'œuvre que votre main avait commencée en replaçant sa statue sur la colonne, d'où une lâche et mesquine vengeance l'avait arrachée. — La Nation vous en est reconnaissante, et l'histoire vous en tiendra compte. — Permettez aujourd'hui, Sire, qu'à cet élan de gratitude nationale se mêle aussi la voix isolée d'un Polonais. — Là où il est question de gloire, d'honneur et de patrie, là où le grand nom de Napoléon est prononcé, le cœur du Polonais sent vibrer ses cordes et a besoin d'exprimer ses sentiments. — D'ailleurs, hôtes aujourd'hui de la France, que nous avons choisie pour seconde patrie et qui bientôt peut-être nous accordera généreusement le titre de *citoyens français*, ne devons-nous pas prendre part à l'allégresse de nos frères? — Nous ne leur avons pas fait faute dans ces luttes où l'on versait le sang pour l'honneur de la France, nous devons aussi prendre part à cette justice éclatante que votre noble cœur leur a préparée.

SIRE, la même volonté sage et persévérante qui a su vaincre toutes les difficultés et rendre à la fin à sa patrie les cendres de celui qui l'a faite glorieuse et puissante, saura aussi amener au but la grande œuvre de la résurrection de la Pologne, car c'est à la France que cette œuvre sera due, et il vous sera bien doux, Sire, j'en suis convaincu, de faire que votre nom, attaché par l'histoire à tout ce qui est loyal et juste dans cette époque, soit béni dans l'éternité par tout un peuple sur les bords de la Vistule.

PÉLERINAGE

A

SAINTE-HÉLÈNE.*

1832.

Nous venions de doubler un des plus beaux promontoires du monde, couronné par cette montagne remarquable de la Table, dont la majesté commande l'admiration du voyageur; ce promontoire, qui a immortalisé le nom de Vasco de Gama; ce cap des Tempêtes, qui a vu engloutir dans les flots qu'il domine tant d'aventuriers, destinés peut-être à s'illustrer aussi par de nouvelles découvertes.

* Au moment où nous allions tracer une esquisse de Sainte-Hélène, nous avons trouvé l'occasion d'obtenir ce fragment inédit d'un voyageur célèbre. M. le capitaine Gabriel Lafond (de Lurcy), à l'obligeance duquel nous devons cette communication, l'a composée pour son intéressant ouvrage: *Quinze années de voyages autour du monde*, dont la première série vient de paraître.

La tête remplie d'enthousiasme pour ces grands capitaines, qui, ne considérant que l'amour de la science et leur propre gloire, ne reculent devant aucun péril pour être utiles à leur pays, nous voguions par une brise de sud-est, qui nous permettait de graver dans notre mémoire toutes les sinuosités de cette terre lointaine que l'Éternel a placée là comme une muraille, sauvegarde du continent africain, afin d'arrêter l'impétuosité des colonnes mouvantes de l'Océan, poussées par les vents déchaînés.

Nous pensions à cette domination anglaise qui envahit tout; à cette malheureuse île de France qui gémit sous le nom d'île Maurice; à cette ville du Cap, embellie par les Hollandais, et qui, comme tous les points maritimes et militaires, a fini par tomber sous la domination de la Grande-Bretagne. Notre imagination se portait tout naturellement vers Sainte-Hélène, que bientôt nous devions apercevoir; vers ce tombeau qui renfermait la dépouille mortelle du plus grand des humains; à Hudson-Lowe, son geôlier et son bourreau; à la politique infernale de lord Castelreagh, qui, par un manque de foi insigne, a brisé la croyance de tous les peuples à la sûreté individuelle sous l'étendard de Saint-Georges. Enfin, le 8 octobre 1832, au coucher du soleil, nous vîmes sortir du sein des ondes une vapeur brune, qui, s'élevant insensiblement, nous fit connaître que la grande tombe était encore enveloppée de son voile funèbre; nos cœurs furent saisis d'un recueillement silencieux. Nous nous disions intérieurement : c'est donc sur ce rocher, au sein de l'Atlantique, que le génie dont l'éclat a ébloui le monde devait trouver le terme de tant de grandeurs, de puissance et de gloire; c'est donc ici que repose le régénérateur de la liberté européenne, celui qui a arrêté l'hydre dévorante de la révolution française. Ah! que l'Angleterre, dont le gouvernement eut le triste courage d'accepter cette odieuse mission, se rappelle que ses destinées, maintenant si brillantes, pourront un jour finir d'une manière aussi fatale que celles de l'homme du siècle!

Comme nous craignions de dépasser l'île pendant la nuit, nous fîmes constamment de petites bordées, afin de pouvoir au jour prolonger la partie du vent et venir mouiller à Saint-James Town, ce qui nous permit d'apercevoir tous les travaux faits par la constance des geôliers pour conserver leur proie.

L'île de Sainte-Hélène, dont l'hémisphère austral par 15° 55' de latitude sud et 7° 59' 00'' de longitude ouest, à 1,200 milles des côtes africaines, et 900 milles de l'Amérique, est abrupte, coupée presqu'à pic, et élève jusqu'aux nues ses monts noirs et rembrunis. Elle s'étend en longueur, du nord-est au sud-ouest, environ trois lieues; sa largeur est de deux lieues, et huit forment sa circonférence. Les fissures des rochers, pouvant faire croire à un débarcadère, nous apparaissaient garnis de bastions et de batteries; les environs de la ville sont couverts d'ouvrages, et les navires peuvent s'en approcher de si près, tant la mer est accore et profonde, qu'ils sont souvent hêlés par la terre : le gouvernement veut savoir d'où ils viennent, et, selon l'état de votre navire et de votre équipage, vous dire si vous pouvez ou non jeter l'ancre. Des signaux, qui se répètent sur toute la montagne, l'avertissent de l'apparition de chaque voile; enfin, la ville se déroule, s'enfonçant dans la crique où elle a été bâtie, bordée vers la mer par une enceinte de double fortifications, et commandée elle-même, ainsi que la rade, par tous les bastions des hauteurs. Un surtout, celui de droite, en regardant la ville, montre l'habileté anglaise dans la coordination des mesures de défense. Sur cette haute montagne sont établis une batterie et un observatoire, où tous les jours un hydrographe suit et règle les montres marines du gouvernement et des vaisseaux de la Compagnie qui viennent les mettre à terre, et à certaines heures de la journée fait prévenir la rade qu'à bord de tous les navires l'on ait à se tenir prêt. Alors un coup de canon annonce l'heure qu'un bulletin a indiquée. Nos longues-vues, braquées sur la terre, cherchaient à reconnaître toutes les particularités de cette île dont le nom, par une grande infortune, est devenu désormais immortel; et sur la chétivité de ces hautes et abruptes montagnes, couronnées par l'observatoire, nous aperçûmes un escalier aux mille marches, semblable à l'échelle que vit Jacob, et qui montait aux cieux. Cet escalier est placé près d'une coulisse par où l'on hisse, à l'aide de cabestans, les munitions, les provisions, et même l'artillerie et tous les objets dont on a besoin dans le fort. Un chemin plus long, pour les charriots, a été cependant pratiqué et tourne la montagne : c'est celui que suivent les piétons qui se rendent au fort, car bien peu de personnes peuvent gravir en entier l'escalier, qui ne sert en général que pour la descente.

A peine mouillé, une embarcation, montée par un officier du port et le médecin de la santé, vint à bord renouveler les demandes qui nous avaient déjà été faites. L'officier fit hisser un pavillon blanc à notre grand mât comme signal de communication, et nous montra sur la côte un signal qui devait nous indiquer l'heure à laquelle nous pourrions aller à terre. Je détaille ces faits pour que l'on apprécie toutes les précautions prises et conservées encore longtemps après que la victime avait cessé de vivre.

Enfin nous prîmes terre. Sur les dix heures du matin, nous partîmes à cheval pour visiter le tombeau de Napoléon et la maison qu'il a habitée à Longwood sur cette terre d'exil. Pour y arriver, on côtoie le fond intérieur de gauche de la vallée; l'on commence à gravir un chemin rude et difficile, taillé dans une terre blanchâtre, semée de roches volcaniques, car Sainte-Hélène est sans nul doute due à un soulèvement sous-marin; tout l'annonce: les anfractuosités, les pierres calcinées, les scories que l'on rencontre à chaque pas. Après avoir monté pendant trois quarts d'heure, nous étions sur un plateau d'où l'on apercevait une partie de la rade. Par un ravin sur la gauche, et près de là sur la droite, une autre coupure dans la montagne nous laissait apercevoir une cascade qui, à la forme des terres, paraît avoir été creusée par les pluies qui s'échappent des nuages, attirés et déchirés par les hauteurs ou par le piton de l'île. Nous longeâmes sur la crête le ravin de gauche. Jusqu'alors le terrain avait été complètement aride, mais nous apercevions quelques cyprès ou gommiers qui tapissaient les flancs intérieurs du grand ravin; quelques maigres broussailles, entremêlées de cactus, serpentaient çà et là. Aucun oiseau ne faisait entendre ses cris; aucun berger ne faisait paître ses troupeaux et n'animait le paysage. La vallée se prolongeait, triste et silencieuse, jusqu'au bord de la mer, et laissait entrevoir par cette immense porte l'horizon de la patrie, car elle était ouverte au nord. Quelques maisons isolées seulement faisaient diversion dans les endroits où un petit courant d'eau donnait la possibilité d'établir quelques chétives cultures. Nous suivîmes ce plateau pendant vingt minutes; alors le ravin, faisant un coude, fit disparaître l'Océan. Laissant la route principale à droite, nous prîmes le sentier, qui nous conduisit à l'entrée de cette vallée où se trouve le tombeau du héros. C'est là qu'il avait voulu que ses restes reposassent, près d'une fontaine, où parfois, dans ses promenades, il venait se désaltérer, dans le seul endroit où il trouvait un peu d'ombre et de fraîcheur pour calmer le tourbillon

de pensées qui devaient se porter continuellement
vers son cerveau.

Le tombeau, qui déjà a été décrit, et que je vais
décrire encore, se trouve placé presqu'au commen-
cement d'une petite vallée, dont le fond est occupé
par un jardin et une petite maison en bois où demeure le gardien; quelques rosiers reposent les
yeux attristés par le chemin que l'on vient de par-
courir. Une barrière en bois ferme le sentier qui y
conduit, et, à deux pas, sur la paroi de la montagne,
est la source près de laquelle croît un gommier assez
beau. Plus loin, la guérite grise du gardien, puis
un entourage de baguettes en bois de trente à
trente-cinq pas de circuit protégent l'emplacement
au centre duquel se trouve la pierre tumulaire,
pierre blanchâtre de sept pieds de long sur quatre
de large, entourée d'une balustrade de fer à pointes
de flèches de quatre pieds d'élévation : deux de ces
pointes se retirent et laissent libre le passage de
l'enceinte, où Mme Bertrand planta quelques fleurs
qui ne survécurent pas. Trois saules pleureurs,
dont l'un paraissait mort, ombrageaient ce modeste

tombeau, où l'on a eu le bon esprit de ne mettre aucune marque, aucune inscription. Cette grande infortune n'avait besoin d'aucune indication : les siècles les plus reculés sauront encore où ses restes furent déposés. Les visiteurs ont si souvent enlevé des branches et de l'écorce aux saules, que le gouverneur a défendu de toucher à ces arbres sans sa permission ; mais le gardien donne des morceaux qu'il a soin de recueillir à de jeunes branches qu'il coupe et met dans la terre pour les faire pousser, afin que l'on puisse transporter en Europe des saules vivants venant de la terre d'exil. La vue de ce gardien anglais, à l'habit rouge, nous fit mal ; mon compagnon de voyage, M. Macdonald lui-même, fils de la Grande-Bretagne, répondit à ma pensée, et comprenant mon regard : « Oui, me dit-il, cet « habit doit vous faire du mal. » — C'est le guiche-tier de la geôle, qui n'a pas même voulu abandon-ner son ombre ! Le cœur serré, la poitrine gonflée, des larmes s'échappèrent involontairement de nos paupières, et nous restâmes longtemps muets sans nous adresser une parole. Tant d'idées se présentaient... Celui qui avait fait et défait tant de rois, qui avait reposé sa tête dans presque toutes les capitales de l'Europe était là, sur un rocher désert, à deux mille lieues de sa patrie, de son fils, de sa famille. Et comment était-il mort?.. après avoir été torturé pendant des années, qui durent lui paraître des siècles !

Après avoir ajouté nos noms à ceux de tant d'autres pieux voyageurs, venus avant nous rendre leur devoir au génie, nous remontâmes à cheval pour retourner à Longwood. La bière, nous dit le gardien, avait été mise dans un cercueil de plomb qui, lui-même, avait été déposé dans une caisse en acajou. Nous reprîmes la grande route longeant la vallée pendant un quart d'heure, jusqu'à son extrémité supérieure, où la route fait un tour sur la gauche au nord pour venir à Longwood, dont on aperçoit déjà les quelques arbres rabougris qui lui ont fait donner son nom. Longwood (en français long bois), fera peut-être croire que cet endroit était couvert de bois ou de forêts d'une certaine étendue. Une vingtaine d'arbres de sept à huit pieds de haut forment une petite allée, et ont donné le nom à ce plateau, sur lequel se trouvait la maison où fut logé Napoléon, et dans laquelle il habita jusqu'à sa mort. Cette maison avait trois chambres, un couloir obscur et quelques hangards dans une petite cour intérieure. Pour se faire une idée de ce qu'elle pouvait être, il ne faut que connaître son emploi actuel, par les propriétaires de Longwood, devenu aujourd'hui une ferme, car les Anglais ont eu honte de conserver cette maison intacte; ils ont voulu qu'on en dénaturât l'emploi, afin que l'idée de l'exiguité de ce misérable réduit pût un jour s'effacer.

La chambre à coucher sert d'écurie à la ferme et contient à peine trois chevaux; un moulin à bluter le grain occupe la chambre où est mort Napoléon, tant il se sentait oppressé, étouffé, dans celle où il couchait. Il existe une seule chambre passable, de quinze à dix-huit pieds de largeur, c'était son salon, son billard, sa salle de réception; tout est au rez-de-chaussée et recouvert en bois et en carton goudronné. On conçoit la chaleur affreuse qu'on y ressentait lorsqu'un soleil d'une latitude de 16°, presque toujours perpendiculaire, dardait ses rayons sur un plateau sans abri. Un autre inconvénient non moins grave qu'il est bon de signaler, c'est que dans ces latitudes, sur les points culminants de ces îles éloignées des grandes terres, les vents, toujours constants, poussent les nuages vers les hauteurs, qui se trouvent ainsi enveloppées, plusieurs fois par jour, d'une atmosphère brumeuse; puis, dès que le nuage a dépassé le plateau, le soleil, redoublant de force, vient faire sentir l'ardeur de ses rayons. Qu'on apprécie tout ce qu'a d'horrible un climat semblable. Dans les îles, entre les tropiques, on ne voit jamais les habitations construites sur les points culminants, mais sur les versants. C'est pourtant là qu'Hudson-Lowe cloua celui qui, pendant quinze années, attacha la fortune à son char.

Un petit bassin demi-circulaire, placé sous un arbre, près de la maison, a pris le nom pompeux de Bains Bonaparte, car les Anglais se font une espèce de gloire d'appeler Napoléon le général

Bonaparte : gloire qui vous rapetisse, pygmées, dont l'or, aidé de la coalition générale de l'Europe, a à peine été suffisant pour renverser le géant qui, s'il se fût mis à la tête de sa vaillante armée de la Loire, se fût relevé peut-être plus fort que jamais, et alors vous eût obligé de traiter avec lui.

Ce fut là que Napoléon mourut le 5 mai 1821 et fut enterré le 9.

Nous apprîmes à Sainte-Hélène, par les journaux d'Europe, la mort de son fils. Pauvre enfant, lui aussi, voué à l'exil pour expier la gloire de son père !

Le général Bertrand occupait une petite maison assez commode. Sur l'un des versants, vis-à-vis celle de Longwood, l'on construisit pour l'Empereur une maison en bois qu'il n'a jamais habitée, car on fit si bien qu'elle ne fût prête qu'après sa mort, tracasseries qui l'ont rendu encore plus grand, par la constance et la fermeté avec lesquelles il les supporta : seul fait des grandes âmes. C'était lui seul qui soutenait le courage de ses compagnons d'infortune, qui, trop souvent peut-être, lui laissaient apercevoir l'ennui de leur position, et lui faisaient ainsi acheter leur dévoûment.

Du plateau l'on découvre, dans le nord, l'Océan, qui laisse deviner des rivages lointains, les rivages de la France, vers laquelle Napoléon tournait si souvent ses regards; cette France, qui contenait tout ce qu'il avait de cher au monde, témoin de ses grandeurs et de ses succès passés. Combien de fois son cœur oppressé n'a-t-il pas dû gémir de ne pouvoir briser ses chaînes! Mais ces infortunes immenses servent aussi à la gloire des héros et des grands hommes. Thémistocle eût-il été aussi grand s'il n'avait pas été frappé par l'exil?

Nous retournâmes à la ville par la même route, emportant avec nous quelques précieuses reliques. Le lendemain, nous levions l'ancre et nous perdions de vue cette île désolée qui nous inspirait de douloureuses et mélancoliques réflexions.

UN TOMBEAU

DANS

L'ÉGLISE DES CAPUCINS, A VIENNE.

1836.

—————

Tous deux sont morts......Seigneur, votre droite est terrible.!
VICTOR HUGO.

On parle beaucoup de l'ingratitude des contemporains. Il semble que le présent lègue à l'avenir le soin de détruire son erreur ou de venger son oubli. Mais dans ce siècle, où les événements se heurtent et se pressent comme les vagues d'une mer agitée, l'avenir adopte si vite les couleurs du passé, qu'il n'est pas toujours fidèle à acquitter sa dette.— Quelques années sont à peine écoulées, et que sont déjà devenues les émotions qui palpitèrent sur la tombe du fils de Napoléon?—La voilà!—J'y viens, solitaire, déposer ma simple couronne; je ne la tresserai point des lauriers d'Arcole... La fatalité, étendue comme un voile noir sur toute la destinée du jeune prince, ne lui a pas permis de les faire reverdir!.. Les cyprès de Waterloo, les saules de Sainte-Hélène s'offrent d'eux-mêmes à la mélancolique douleur dont ils ont toujours été l'emblème... Que n'ombragent-ils le tombeau du fils, de même que leurs branches flexibles s'inclinent sur celui du père, comme pour rendre un dernier hommage au héros devant qui tout a plié dans ce monde! Cette vieille Autriche, si peu poétique, me paraît étroite pour les dépouilles du fils d'un césar. — L'Océan devait aussi se briser près de ce cœur si jeune qui recélait des orages...

Le religieux qui m'avait servi de guide jusqu'ici, le flambeau à la main, par ces sombres souterrains, où à travers des grilles de fer on aperçoit, semblables à de lugubres fantômes, les monuments des empereurs d'Autriche, demeurait à quelques pas de moi, immobile comme une statue de pierre, pendant que j'étais plongé dans mes réflexions. Sa figure pâle et glacée, son regard fauve et terne semblaient appartenir plutôt à un hôte de cette enceinte de la mort qu'à un être vivant.—Je ne sais s'il s'aperçut de l'impression que son aspect me causait, mais il s'approcha sans dire mot du tombeau, et son regard évita désormais le mien.

Le nouveau caveau où repose le fils de Napoléon, dans son tombeau de cuivre, est éclairé par des ouvertures supérieures. Huit grandes têtes de lion soutiennent de larges anneaux de bronze. Autant de têtes plus petites décorent la bordure supérieure des faces latérales. Aux quatre angles de la tombe, il y a des bas-reliefs représentant un casque renversé sur une lance et un glaive, unis par la palme de l'immortalité. Sur le couvercle, au dessous d'une grande croix tréflée, on lit les mots suivants :

ÆTERNÆ. MEMORIÆ.

JOS. CAR. FRANCISCI. DUCIS. REICHSTADIENSIS.

NAPOLEONIS. GALL. IMPERATORIS.

ET

MAR. LUDOVICÆ. ARCH. AUSTR.

FILII.

NATI. PARISIIS. 20. MART. 1811.

IN. CUNABULIS.

REGIS. ROMÆ. NOMINE. SALUTATI.

ÆTATE. OMNIBUS. INGENII. CORPORISQUE.

DOTIBUS. FLORENTEM.

PROCERA. STATURA. VULTU. JUVENILITER. DECORO.

SINGULARI. SERMONIS. COMITATE.

MILITARIBUS. STUDIIS. ET. LABORIBUS.

MIRE. INTENTUM.

PHTHISIS. TENTAVIT.

TRISTISSIMA. MORS. RAPUIT.

IN. SUBURBANO. AUGUSTORUM. AD. PULCHRUM. FONTEM.

PROPE. VINDOBONAM.

22. JULII. 1832.

« A l'éternelle mémoire de Joseph-François-Charles, duc de Reichstadt, fils de Napoléon, empereur des Français, et de Marie-Louise, archiduchesse d'Autriche, né à Paris le 20 mars 1811. Salué dans son berceau du nom de roi de Rome. A la fleur de son âge, doué de toutes les qualités de l'esprit et du corps, d'une imposante stature; de nobles et d'agréables traits, d'une grâce exquise de langage; remarquable par son instruction et son aptitude militaire. Il fut attaqué d'une cruelle phthisie, et la mort la plus triste l'enleva dans le château des empereurs, à Schoenbrun, près de Vienne, le 22 juillet 1832.

Arrêté dans mon pélerinage d'exil près de ce tombeau, j'oublie ici mes souffrances devant de si hautes infortunes. — Le dernier chaînon qui nous rattachait à ce passé plein de prestige, de gloire, d'espérance est rompu sans retour ! — La grande ombre de Napoléon planait encore au milieu de nous. Elle était pleine de vie, non seulement pour ceux qui les derniers à Fontainebleau ont salué les aigles abandonnées, mais pour la nouvelle génération qui fut placée en quelque sorte sous l'action immédiate de son génie. Elle avait reporté sur tout ce qui restait de lui cette tradition de souvenirs et d'enthousiasme. — Malheureuse Pologne! Es-tu prédestinée à figurer au milieu des autres comme cette Gulnare sensible, passionnée, qui aime et meurt sans trouver de retour ! — On est étonné souvent de rencontrer de ces âmes neuves sur qui l'expérience n'a point de prise, et qui, colorant les objets du reflet de leur loyauté, se sont composé une existence toute de dévoûment. Pardonnons-leur les illusions si fraîches et si pures que nous avons vues dans une nation entière.

Lorsque Xerxès éteignit jadis les feux sacrés de l'Attique, un Grec tomba mort aux pieds des magistrats en le leur rapportant, afin qu'un feu étranger ne brûlât point sur les autels de la patrie. — Dans la mienne, il n'a jamais été éteint.— Ce n'est pas toutefois la rapide étincelle qui s'allume pour s'éteindre l'instant d'après. — Ce feu a d'autres mystères : comme sa flamme, il monte au ciel.

Le même enthousiasme qui appela nos légions sous le drapeau de Napoléon ramenait nos regards attendris sur celui qui repose dans cette tombe. Nous suivions cette jeune étoile parcourant un ciel nébuleux... Nous l'avons suivie jusqu'à ce qu'elle fût venue se perdre dans le vague des airs, après qu'elle se fût présentée à nous comme l'amour à l'horizon de la première jeunesse. — Il a manqué une Andromaque à cet Astyanax !

Cette mort si précoce provoque moins les douleurs que les jouissances refusées à son incomplète destinée. —A-t-il tressailli au récit des exploits de Napoléon ? l'ont-ils empêché de dormir ? A-t-il souffert de ne pas appeler frères d'armes les vétérans de Marengo, et envié le sort des exilés volontaires de Sainte-Hélène ? — J'ai voué un culte bien sincère au héros d'Austerlitz et de Jéna, avec son cortége de cinquante-neuf batailles ; mais, devant le proscrit de Sainte-Hélène, je me prosterne avec vénération. Dépouillé des diadêmes qu'il portait jadis, ou que sa main posait sur le front des rois, il était là, comme Alexandre, ne gardant pour lui que l'espérance : et qu'elle était sublime, cette espérance ! Il ne la rattachait plus à une grandeur qu'on avait vu s'évanouir comme une vapeur légère, mais à une gloire immortelle ici-bas. — Celui qui, du haut de son infortune, pouvait repasser avec calme toutes les actions de sa vie de prodiges, celui qui mourut en paix avec le genre humain, avait-il donc des vœux à former? Oui, un seul. — Ses cendres, disait-il, devaient reposer au milieu de ce peuple français, qu'il avait tant aimé.

La chute de Napoléon et la mort de son fils ont passé comme deux songes. — On dirait que nos jours, sur la terre, sont véritablement le rêve d'une ombre, puisque ce grand colosse en a projeté une si éphémère. — Et cette fixité que nous demandons à nos institutions, nous lui refusons la plus sûre des garanties, celle de notre caractère..... Debout, sur son rocher, les bras croisés, Napoléon contemplait l'ouragan déchaîné dont sa puissante main avait seule comprimé la violence.—Il nous suivait, naviguant sans ancre de salut sur cette mer, soulevée par la tourmente, où le flot regarde expirer le flot, et tombe dans le même abîme.

Va donc, rameau détaché par l'aquilon du chêne gigantesque qui ombragea l'Europe, va te perdre dans ce tourbillon qui entraîne tout vers l'oubli.— Mais non ! — Ceint d'un rayon lumineux, enlevé à l'auréole de ton père, va plutôt rejoindre cette longue suite de héros qu'il a continuée. —Dernière expression de notre enthousiasme, porte-lui de notre part ce culte ardent et pur dont les ondes rougies du Niémen et de l'Elster murmurent le chant plaintif, et dis-lui qu'une fois encore la Pologne a su mourir pour la France !

1840.

———⋄———

Et le tombeau prisonnier de Schoenbrunn s'entrouvrit
comme la fosse captive de Sainte-Hélène.
Fréd. Soulié. La Revue du 27 juillet 1856.

Au milieu du vaste Océan, loin de son pays, de ses guerriers, de ses maréchaux, à Sainte-Hélène, au fond d'un tombeau solitaire, gît, à la honte éternelle de l'Angleterre, le grand Napoléon !

Au dernier jour des Morts, nul pieux souvenir n'était venu planter le cyprès sur cette tombe isolée, la couvrir de fleurs et l'arroser d'une larme brûlante; mais dans la nuit du 11 mai, nuit sombre pendant laquelle le vent avait gémi avec de longs sifflements parmi les rochers qui entourent cette solitude, un bruissement aigu glissa dans l'air comme le vol d'un aigle, et une ombre se posa sur la pierre.

Elle frappa au cercueil, et dit d'une voix qui passa dans le silence comme un éclair dans les ténèbres, sans s'y mêler :— « Réveille-toi, ô héros! « un hôte de ton Europe vient à toi! »

Mais tout resta tranquille, et l'ombre frappa pour la deuxième fois en disant : — « Ouvre-moi, « grand empereur, c'est un message de ton Eu- « rope! »

Mais la tombe se tut encore. — Et, inquiète, l'ombre s'écria d'une voix émue et tendre, en frappant le troisième coup :— « Ouvre vite, mon « père! c'est ton fils, ton seul enfant, qui vient à « toi! »

Et la lourde pierre se souleva à cet appel. L'ombre impériale apparut; elle poussa un sourd gémissement, et, écartant le manteau de Marengo, que le vent faisait flotter autour d'elle, elle étendit ses bras glacés et reçut son fils sur son sein.

Et la main pressait la main, et la bouche pressait tendrement la bouche ; mais ils ne purent se coucher ensemble : le tombeau du plus puissant souverain du monde n'était large que pour lui seul.

Alors l'ombre du roi de Rome s'écria : — « Ton « exil est fini, mon père ! — La France, reconnais- « sante et attachée toujours à toi, t'ouvre ses bras « affectueux. Tu vas reposer au milieu de ce « peuple que tu as tant aimé. — C'est là, mon « père, que je te demande une place auprès de toi ! « — Prie..... »

Mais l'ombre ne put achever sa prière ; l'impatiente aurore fit luire ses rayons à travers la nuit, et avec les ombres du ciel disparurent les ombres des tombeaux.

Et le 12 mai, retentissaient à la Chambre des Députés ces mémorables paroles, prononcées par le ministre de l'intérieur :

« Le Roi a ordonné à S. A. R. M. le prince de Joinville de se rendre avec sa frégate à l'île de Sainte-Hélène pour y recueillir les restes mortels de l'empereur Napoléon.

« Nous venons vous demander les moyens de les recevoir dignement sur la terre de France, et d'élever à Napoléon son dernier tombeau.

« Le gouvernement, jaloux d'accomplir un devoir national, s'est adressé à l'Angleterre et lui a demandé le précieux dépôt que la fortune avait remis dans ses mains. A peine exprimée, la pensée de la France a été accueillie. Voici les paroles de notre magnanime alliée :

« Le gouvernement de S. M. britannique espère que la

« promptitude de sa réponse sera considérée, en France,
« comme une preuve de son désir d'effacer jusqu'à la der-
« nière trace de ces animosités nationales, qui, pendant
« la vie de l'Empereur, armèrent l'une contre l'autre la
« France et l'Angleterre. Le gouvernement de S. M. bri-
« tannique aime à croire que si de pareils sentiments
« existent encore quelque part, ils seront ensevelis dans la
« tombe où les restes de Napoléon vont être déposés. »

« L'Angleterre a raison, Messieurs ; cette noble restitu-
tion resserre encore les liens qui nous unissent. Elle achève
de faire disparaître les traces douloureuses du passé. Le
temps est venu où les deux nations ne doivent plus se souvenir que de leur gloire.

« La frégate chargée des restes mortels de Napoléon se
présentera au retour à l'embouchure de la Seine. Un autre
bâtiment les rapportera jusqu'à Paris. Ils seront déposés
aux Invalides. Une cérémonie solennelle, une grande
pompe religieuse et militaire inaugurera le tombeau qui
doit les garder à jamais.

« Il importe en effet, Messieurs, à la majesté d'un tel
souvenir, que cette sépulture auguste ne demeure pas ex-
posée sur une place publique, au milieu d'une foule
bruyante et distraite. Il convient qu'elle soit placée dans
un lieu silencieux et sacré, où puissent la visiter avec recueillement tous ceux qui respectent la gloire et le génie,
la grandeur et l'infortune.

*Il fut empereur et roi, il fut le souverain légitime de
notre pays.* A ce titre, il pourrait être inhumé à Saint-Denis ;
mais il ne faut pas à Napoléon la sépulture ordinaire des
rois. Il faut qu'il règne et commande encore dans l'enceinte où vont se reposer les soldats de la patrie, et où

iront toujours s'inspirer ceux qui seront appelés à la défendre. Son épée sera déposée sur sa tombe.

« L'art élèvera sous le dôme, au milieu du temple consacré par la religion au Dieu des armées, un tombeau digne, s'il se peut, du nom qui doit y être gravé. Ce monument doit avoir une beauté simple, des formes grandes, et cet aspect de solidité inébranlable qui semble braver l'action du temps. Il faudrait à Napoléon un monument durable comme sa mémoire.

« Le crédit que nous venons demander aux Chambres a pour objet la translation aux Invalides, la cérémonie funéraire, la construction du tombeau.

« Nous ne doutons pas, Messieurs, que la Chambre ne s'associe avec une émotion patriotique à la pensée royale que nous venons d'exprimer devant elle. Désormais, la France, et la France seule, possédera tout ce qui reste de Napoléon. Son tombeau, comme sa mémoire, n'appartiendront à personne qu'à son pays. La monarchie de 1830 est, en effet, l'unique et légitime héritière de tous les souvenirs dont la France s'enorgueillit. Il lui appartenait sans doute, à cette monarchie, qui, la première, a rallié toutes les forces et concilié tous les vœux de la révolution française, d'élever et d'honorer sans crainte la statue et la tombe d'un héros populaire; car il y a une chose, une seule, qui ne redoute pas la comparaison avec la gloire; c'est la liberté. »

Honneur au ministère du 1er Mars !

Où sera le tombeau de Napoléon?—C'est une question résolue déjà par le projet du gouvernement du roi, bien que l'opinion publique soit divisée sur ce sujet. Mais comme tout projet adopté par les Chambres a encore besoin d'une sanction royale, nous avons cru pouvoir joindre notre voix à celles qui ont fait et feront encore entendre leurs arguments avant ce dernier terme décisif.

Notre qualité d'étranger met fort heureusement notre impartialité à couvert. Ce n'est pas nous, certes, que l'on accusera d'esprit de parti, car si nous étions entraînés sur cette pente, nos sympathies, nous l'avouons hautement, seraient toutes pour un gouvernement qui, depuis dix années, nous accorde généreusement sa protection hospitalière.

Libre donc de tout engagement politique occulte, nous venons aussi exprimer notre pensée sur le choix du dôme des Invalides.

Nous comprenons, avec l'éloquent orateur qui a traité ce sujet à la tribune, pourquoi les cendres de Napoléon ne peuvent être déposées ni sous la Colonne, ni sous l'Arc de Triomphe, ni sous le monument de la Bastille, ni au Panthéon, ni à Saint-Denis; nous ne reviendrons donc pas sur ces endroits, car le pour et le contre ont déjà été suffisamment débattus avant nous. Mais bien que différant d'avis, quant au développement de la question, nous ne croyons pas non plus, nous, que sa tombe aux Invalides soit définitive. — « Cela « pourrait, a dit M. de Lamartine, n'être qu'une « magnifique station, un entrepôt funèbre, où une « opinion plus passionnée irait un jour le reprendre « pour le porter je ne sais où. La terre sera encore « une fois remuée sous ce cercueil. Il ne faut pas « réserver ce jour à nos enfants. Il faut que le tom-« beau que vous lui donnerez soit en effet son « dernier tombeau. Non, celui-là ne sera pas son « dernier tombeau ! »

En reconnaissant la justesse de cette opinion, sans croire toutefois qu'il soit convenable ou nécessaire d'exiler ce tombeau jusqu'au Champ de Mars, nous osons élever notre voix avec celles qui sollicitent une tombe royale pour Napoléon, *pour lui seul !* — Mais, pour que sa dynastie soit avec lui ensevelie dans ce tombeau, pour qu'il contienne le premier et le dernier de la race, accordez dans cette tombe impériale, seule et unique, une place à son fils. Rappelez-vous que Napoléon, en signant son abdication, y réserva tous les droits que la constitution impériale assurait à ce fils : « Ma vie politique, « disait-il, est terminée, et je proclame mon fils, « sous le titre de Napoléon II, empereur des Fran- « çais. » — Et le roi de Rome fut proclamé empereur des Français par une commission provisoire de gouvernement, composée de cinq membres, et créée par les deux Chambres. Cet acte fut parfaitement légal.

En déposant les cendres du fils dans le tombeau du père, vous aurez accompli un acte dont la religion du cœur vous fait un pieux devoir.

Mais pour que cette tombe soit unique, qu'elle soit dernière, qu'elle soit royale, il ne serait pas

rationnel de la placer aux Invalides. *Le brillant phi-*
losophe que nous venons de citer appelle *fanatiques*
ceux qui demandent une tombe royale et unique
pour Napoléon; mais nous, qui nous joignons à
cette prière, peut-on nous croire aveuglés par un
excès de zèle? Oh! non : Napoléon a pu rétablir
la Pologne; il ne l'a pas fait. S'il eût effectué cette
réparation dictée par la justice, il n'aurait jamais
vu, ni la fatale journée de Leipzig, ni le désastre
de Waterloo, ni le rocher désert de Sainte-Hélène;
mais, tout en nous rappelant vivement cette faute,
que sa mort a si cruellement expiée, nous ne
pouvons lui refuser ce culte que tout homme de
cœur paie au génie.

Croyant donc avec ces esprits généreux nommés
à tort fanatiques, *que placer l'Empereur parmi les*

soldats, c'est beau pour un guerrier, c'est trop peu pour un souverain, nous osons vous supplier, Sire, d'accorder à Napoléon, reconnu souverain légitime de la France par les mandataires de la royauté de juillet, une tombe dans l'église de la Madeleine, et cette tombe-là sera *royale, unique et dernière!*